TODA CLASE DE NIÑOS

Escrito por Christina Mia Gardeski
Ilustrado por Bob McMahon

Children's Press®
Una División de Scholastic Inc.
Nueva York • Toronto • Londres • Auckland • Sydney
Ciudad de México • Nueva Delhi • Hong Kong
Danbury, Connecticut

A MIS PADRES, QUE TIENEN CINCO NIÑOS EXTRAORDINARIOS,
Y A PAUL, ¡EL NIÑO MÁS GRANDE DE TODOS!
CON AMOR—C.M.G.

A LALANE
—B. Mc.

Asesoras de lectura

Linda Cornwell
Especialista en alfabetización

Katharine A. Kane
Asesora educativa
(Jubilada de la Oficina de Educación del condado de San Diego
y de la Universidad Estatal de San Diego)

Biblioteca del Congreso. Catalogación de la información sobre la publicación

Gardeski, Christina Mia.
    [Toda clase de niños. Español]
    Toda clase de niños / escrito por Christina Mia Gardeski; ilustrado por Bob McMahon.
        p. cm.— (Un lector principiante de español)
    Resumen: Los niños pueden ser diferentes en su aspecto, en lo que les gusta hacer e
incluso en lo que les gusta comer, pero todos ellos tienen una maravillosa sonrisa.
    ISBN 0-516-22681-9 (lib. bdg.)   0-516-27802-9 (pbk.)
    [1. Individualidad—Ficción. 2. Cuentos con rima. 3. Materiales en idioma español.]
I. McMahon, Bob, 1956- ilustr. II. Título. III. Serie.

PZ74.3. G34 2002
[E]—dc21   2002067347

Hay toda clase de niños.

Algunas son niñas.
Algunos son niños.

Algunos niños son tranquilos.
Algunos hacen mucho ruido.

Algunos niños son altos.
Algunos niños son bajos.

Algunos niños tocan música.
Algunos practican un deporte.

Algunos niños tienen el cabello castaño.
Algunos niños tienen el cabello rojo.

Algunos niños montan en bicicleta. En cambio, algunos andan en silla de ruedas.

Algunos niños comparten.
Algunos niños toman el pelo.

A algunos niños les gusta la pizza.
A algunos les gustan las arvejas.

Y una cosa es cierta
si viajas mucho.

Toda clase de niños
¡tienen toda clase de sonrisas!

23

LISTA DE PALABRAS (51 PALABRAS)

a	cierta	hacen	pizza	toda
algunas	clase	hay	practican	toman
algunos	comparten	la	rojo	tranquilos
altos	cosa	las	ruedas	un
andan	de	les	ruido	una
arvejas	deporte	montan	si	viajas
bajos	el	mucho	silla	y
bicicleta	en	música	son	
cabello	es	niñas	sonrisas	
cambio	gusta	niños	tienen	
castaño	gustan	pelo	tocan	

ACERCA DE LA AUTORA

Christina Mia Gardeski era una niña callada, alta, de cabellos rojos que disfrutaba montar bicicleta y comer pizza. Cuando creció se convirtió en salvavidas, instructora de seguridad en el agua y profesora, lo que le dio la posibilidad de trabajar con toda clase de niños fenomenales. Ellos, junto con sus sobrinos y sobrinas, fueron su inspiración para este libro. Christina es actualmente, una escritora y correctora de libros para niños. Vive al norte de New Jersey, compartiendo sonrisas con su esposo Paul, quien hace mucho ruido tocando la batería.

ACERCA DEL ILUSTRADOR

Bob McMahon vive en el soleado sur de California con su encantadora esposa Lalane, quien le permite dibujar graciosos dibujos cada vez que él quiere.